AF331244

NOUVELLES OBSERVATIONS

DES CITOYENS

DIJON ET COMPAGNIE.

Dénoncés au conseil comme spoliateurs de la fortune publique; dénoncés dans les journaux par des *notes officielles*, on a cru qu'un système de diffamation, substitué aux procédés ordinaires de la justice, parviendrait à nous en imposer. On voudrait bien qu'il fût vrai (comme on a eu soin de le faire imprimer par-tout), que nous eussions pris la fuite; mais nous sommes encore là pour démasquer nos calomniateurs, et particulièrement ces dénonciateurs privilégiés, qui, retranchés derrière l'inviolabilité de leur caractère, abusent contre nous du titre même qui devrait les rendre plus circonspects.

Nous devons instruire nos concitoyens des faits qui se sont passés depuis la dénonciation faite contre nous. L'attaque a été publique, la défense doit l'être également, et notre silence, s'il n'était pas suspect, serait au moins pusillanime.

Suscité par les ennemis de la compagnie, bien plus que par la trésorerie, l'agent du trésor public avait, comme on sait, rendu plainte sur le fait du récépissé donné au nom du receveur de Rouen; et cumulant, contre toutes les règles, la voie civile et la voie criminelle dans la même affaire, il s'était en même tems pourvu contre la compagnie *Dijon*, au tribunal civil du 4e. arrondissement.

La compagnie a fait face à cette double attaque.

D'un côté, elle s'est présentée au juge-de-paix saisi de la plainte, elle lui a dit la vérité; et cet officier public est certainement convaincu, comme elle, de l'absurdité de la poursuite criminelle.

D'un autre côté, elle s'est présentée, au jour indiqué, à l'audience du tribunal civil. L'agent du trésor public n'était pas prêt, il voulait même faire mettre la cause au rôle, mesure équivalente à un ajournement de plusieurs mois. C'est à la sollicitation et sur les instances de notre défenseur, que la cause n'a été remise qu'à dix jours.

Néanmoins, on faisait faire par-tout des

oppositions à notre préjudice, on saisissait nos rentes, et jusques aux sommes qui pouvaient nous être dues par la caisse des comptes courans.

Enfin, on indique une conférence solemnelle à la trésorerie, pour y recevoir de nouvelles explications de notre part.

A cette conférence étaient présens, les commissaires de la trésorerie, le ministre des finances, l'agent du trésor public, et vingt-cinq à trente membres des commissions de l'un et l'autre conseil. Le citoyen Defermond seul a refusé de s'y rendre.

Nous avons reproduit, dans cette conférence, tous les éclaircissemens capables d'édifier sur la loyauté de notre conduite et sur la régularité de nos opérations; nous avons, de nouveau, parfaitement démontré :

1°. Que, sans l'opération confiée à nos soins, le gouvernement aurait été privé d'abord de la rentrée de cent millions en numéraire, dûs en reste du dernier quart du prix des biens soumissionnés d'après la loi du 28 ventôse, et ensuite de toute la partie des impositions que les contribuables auraient pu acquitter en mandats;

2°. Que la compagnie Dijon a été fidelle,

en tous points, à la lettre et à l'esprit de ses traités avec la trésorerie, et que la plainte rendue contre elle est un acte irréfléchi d'animosité qui ne peut retomber que sur ses auteurs;

3°. Que les bénéfices qu'on reproche à la compagnie (et qui, fussent-ils considérables, n'en seraient pas moins légitimes), loin de monter à plusieurs millions, sont à peine suffisans pour la dédommager de l'intérêt de ses avances.

Ces explications données, nous déclarâmes que nous attendions des tribunaux seuls la réparation éclatante qui nous est due. — La conférence se résolut, sans qu'il y eût rien d'arrêté de part ni d'autre.

Le lendemain, on nous invita à nous rendre de nouveau à la trésorerie : nous y allons et nous y trouvons les commissaires, l'agent du trésor public, le ministre des finances et le citoyen Camus.

On nous propose la transaction dont copie est à la suite de cet écrit.

Nous refusons d'abord de nous prêter à aucune composition, et sur le procès criminel, et sur le procès civil; nous nous bornons à offrir de régler et de solder notre compte, sous la seule condition de la main-levée des saisies et oppositions faites à notre préjudice.

Le ministre des finances nous observe que la dignité du gouvernement commande d'arrêter l'éclat d'une affaire destinée , par sa nature, comme toutes les affaires d'administration , à rester secrète ; que la transaction proposée ne contient rien qui puisse blesser notre délicatesse, et que nous devons céder quelque chose aux considérations d'intérêt public.

Comme nous persévérions à vouloir un jugement, le citoyen Camus présent se lève et menace de dénoncer notre résistance au corps législatif, comme un nouveau délit.

Peu inquiets de cette menace , mais touchés des motifs d'utilité publique mis en avant par le ministre des finances, nous demandons 24 heures , et le lendemain nous adoptons et signons la transaction proposée.

Cette transaction est portée au conseil des cinq-cents , en comité général ; et sur-le-champ, le citoyen Defermond s'en empare , et la dénonce au conseil , comme l'ouvrage de la fraude et de la malveillance.

Ainsi placés , entre le citoyen Camus, qui nous aurait dénoncés , si nous n'eussions pas signé , et le citoyen Defermond son collègue ,

qui attendait notre signature pour la dénoncer aussi, la proposition de transiger était
devenue pour nous, une sorte de défilé, dont
ces deux représentans, chacun, de son côté,
gardaient les deux issues.

Le citoyen Defermond, jamais présent aux
explications que nous avons données, mais
toujours prêt à nous dénoncer en comité secret, où personne ne peut répondre pour
nous, a renouvellé ses précédentes déclama-
tions, et le conseil a pris un arrêté qui ren-
voie l'affaire à ses commissions, pour en faire
un nouveau rapport.

Nous n'appercevons pas l'objet d'un tel
renvoi, ni celui d'un nouveau rapport, dans
une affaire où les tribunaux seuls, à l'exclu-
sion de toute autre autorité, et notamment
du corps législatif, doivent prononcer entre
nous, comme entre deux contractans ordinaires; mais, dès que nous avons été informés
de la nouvelle dénonciation faite en comité
général, nous avons été à la trésorerie de-
mander à annuller la transaction de la veille;
les signatures en ont été biffées, et nous avons
retiré, en nôtre pouvoir, le double qui avait été
signé par les commissaires de la trésorerie.

Nous continuerons à poursuivre avec chaleur, devant les tribunaux, la justice qu'ils nous doivent; nous y traduirons nos calomniateurs quand il en sera temps, et nous ne répondrons aux injures dont on remplit les feuilles publiques, qu'en publiant aussi nos moyens de défense.

Et, puisque nous trouvons toujours sur nos pas les citoyens Camus et Defermond, et que ce sont eux seuls qui se chargent, à tour de rôle, de toutes les dénonciations contre nous, il faut croire qu'ils sont mûs, l'un et l'autre, par de grands motifs d'intérêt public; autrement on n'expliquerait pas comment, sortant sans cesse des bornes de leurs fonctions, ils s'acharnent à porter devant le corps législatif des actes particuliers d'administration dont il n'a pas à s'occuper.

Eh bien ! nous les interpellons, nommément l'un et l'autre, de monter à la tribune le jour où sera fait le nouveau rapport, et d'expliquer enfin cathégoriquement, quel est donc le dommage que pouvait souffrir le trésor public des deux procédés qu'ils ont pris pour chefs d'accusation.

Le premier, d'avoir voulu acquitter en numéraire le prix de cent millions de mandats que nous avions à fournir, au lieu de les

4

acheter sur la place pour les lui rendre en nature.

Le second, d'avoir fourni un récépissé de soixante millions de mandats, au nom du receveur de Rouen, et d'avoir donné ce récépissé pour comptant à la place des mandats.

Nous sommes curieux de voir comment ils prouveront ; 1°. qu'il valait mieux, pour la trésorerie, recevoir un fonds mort de 100 millions de mandats qu'elle eût été obligée de brûler, que d'en recevoir la valeur en numé raire au cours légal ;

2°. Qu'il valait mieux aussi, pour la trésorerie, garder en nature les 60 millions de mandats expédiés par le receveur de Rouen, que de recevoir à la place de cette valeur morte de mandats, un récépissé des citoyens Dijon et compagnie, lequel était, dans les mains de la trésorerie, une véritable lettre-de-change de six cent mille livres en numéraire.

On n'a pas eu la pensée de faire, de ces deux points, la matière d'une accusation, à l'époque où le récépissé a été fourni ; parce qu'alors le cours des mandats sur la place étant, comme le cours légal, à 20 sous pour 100 livres, ou à-peu-près, la dénonciation eût paru ridicule, et qu'on aurait vu clairement que la compagnie n'avait rien à gagner à ne pas acheter les mandats, pour les rendre en nature, et à offrir la valeur des mandats en numéraire, plutôt que les mandats eux-mêmes.

On a attendu que les joueurs à la hausse eussent fait monter le mandat à 50 sols pour 100 livres, et ce n'est qu'au bout d'un mois qu'on a fait la dénonciation qui, dès-lors, est devenue spécieuse, par la différence du cours légal de 20 sols au cours factice de 50 sols, différence qu'on a méchamment présentée, comme formant, sur cent millions, une perte de 900 mille livres, dont il semblait que la compagnie privait le trésor public.

Mais, ce n'est pas le trésor public qui perdait cette différence de 900 mille livres, et ce n'est pas non plus la compagnie Dijon qui gagnait rien à cette variation de cours ; car, peu importait, et à la trésorerie et à la compagnie, que les mandats fussent sur la place, ou à 5 sols, ou à 10 liv. par 100 liv., puisque, dans tous les cas, la compagnie, payant en argent, devait payer au cours légal, et que, si elle eût payé en mandats, le cours de la place était indifférent à la trésorerie, qui ne pouvait pas mettre les mandats en vente, et devait les anéantir.

Nous convenons cependant que nous faisions tort à quelqu'un en n'achetant pas, à tout prix, 100 millions de mandats pour les rendre en nature à la trésorerie ; et puisqu'on n'a pas voulu nommer à la tribune les véritables parties souffrantes, nous allons les signaler.

Les malheureux à qui nous avons fait dommage, sont les joueurs à la hausse du mandat ; c'est à eux seuls qu'il aurait convenu de nous vendre, sur le pied de 3 liv., 6 liv. et 12 liv., les 100 millions de mandats que nous devions, et que nous n'avions, au reste, vendus que par les ordres du gouvernement.

Ce sont ces spéculateurs en sens contraire de l'intérêt du trésor public, dont l'influence a présidé à toutes les persécutions dirigées contre nous ; ce sont eux qui, le jour où il fut convenu à la trésorerie de payer à 20 sols les 100 millions, firent insérer dans le *Miroir*, du jour même, une diatribe contre le directoire et la compagnie, où l'on disait formellement qu'il fallait exiger les cent millions en nature : « Alors, est-il dit, nos messieurs se-
» ront tenus de racheter les mandats qu'ils
» n'ont plus ; alors ils les rachèteront plus
» cher qu'ils ne les vendent, etc. Rira bien
» qui rira le dernier ».

Le même article se trouve dans l'ami des lois, avec cette exception, que le sens et l'esprit de ce journal n'étant pas de dénoncer le gouvernement, « on *attaque les ministres* » *Benezech et Cochon, pour justifier la de-* » *mande de mandats en nature que l'on veut* » *également forcer la compagnie à racheter* » *sur la place* ».

Ce sont les joueurs à la hausse, dont l'influence, puissamment secondée, força le comité de la trésorerie à ne pas tenir à la délibération qui fixait le prix des cent millions à 20 sols, et à en exiger la remise en nature, *dans la crainte de nouvelles dénonciations.*

Ce sont eux enfin qui ont provoqué la dénonciation du récépissé de 60 millions, parce qu'il ne leur convenait pas que la compagnie Dijon se libérât ainsi de 60 millions de mandats, au lieu de les acheter sur la place au prix qu'il leur aurait plû de fixer.

C'est donc la cause des joueurs à la hausse sur les mandats, et non celle du trésor public, que les citoyens Camus et Defermond plaident avec tant de chaleur ; sans doute c'est contre leur pensée, et nous devons au citoyen Camus la justice de dire : que dans sa mauvaise humeur même, il nous a toujours paru de bonne foi ; et comme il lui arrive rarement de voir les objets en beau, c'est sans doute son goût habituel pour la censure qui l'a empêché de saisir nos moyens de défense.

Quant au citoyen Defermond, nous n'avons jamais pu parvenir à le voir dans aucune de nos conférences ; ainsi, nous avons au moins à lui reprocher d'avoir fui les éclaircissemens qui pouvaient le détromper.

Quels que soient, au reste, les motifs de ces deux représentans, l'espèce de guerre qu'ils nous font n'est rien moins que généreuse ; car, non-seulement ils ont l'avantage de parler en notre absence et en comité secret, mais ils savent très-bien que, même avec la conviction de la bonté de notre cause, aucun de leurs collègues ne se soucie de s'ériger en défenseur d'hommes accusés de dilapidations; chacun craint d'être cité comme l'ami ou le protecteur d'une compagnie dénoncée pour avoir fait de grands bénéfices; le dénonciateur, dans ces sortes d'affaires, est toujours appuyé et jamais combattu ; au moyen de quoi, l'envie et l'ignorance débitent à leur aise, et souvent à la satisfaction du grand nombre, tout ce qu'il y a de plus absurde et de plus faux. Par cette considération seule, on ne devrait jamais souffrir que les affaires des particuliers, que des transactions privées fussent portées devant le corps législatif; les tribunaux seuls sont faits pour les entendre, parce qu'eux seuls sont destinés à les juger. La législature se doit toute entière à la confection des lois générales ; mais l'application de ces lois, aux cas particuliers, est du domaine des tribunaux.

Pour nous, nous récusons toute autre autorité, et nous invitons les citoyens Camus et Defermond à laisser aussi à l'ordre judiciaire la part qui lui appartient, et à ne pas compromettre plus long-tems la dignité de leur caractère, en servant d'instrumens à une société de joueurs à la hausse, ennemis particuliers de la compagnie Dijon, sans qu'il en puisse résulter rien d'utile à la chose publique, ni rien d'honorable pour ces deux représentans.

Signé, J. B. DIJON et compagnie.

Suit la teneur de la Transaction.

Les commissaires de la trésorerie nationale et les citoyens Dijon et compagnie, après des explications directes sur les différens élevés entre eux, sont convenus de ce qui suit :

Art. I. La plainte portée devant le juge-de-paix de la division le Pelletier est retirée ; il n'en sera fait ni suite ni mention : la compagnie Dijon consent la nullité du récépissé de soixante millions qui y avait donné lieu. Cet article ne préjuge en rien toutes les questions soumises à des arbitres , et notamment celle soutenue par la compagnie Dijon , que conformément à l'article premier du traité du 7 pluviôse , tous les mandats reçus par les receveurs des départemens désignés, étaient à sa disposition jusqu'audit jour 7 pluviôse , sauf les prétentions contraires et autres exceptions des commissaires de la trésorerie.

II. Il est mis fin à l'instance pendante devant le tribunal civil ; elle sera soumise pour être jugée, conformément aux loix, aux arbitres ci-après nommés , à la décision desquels les parties s'engagent de s'en rapporter définitivement.

III. Les parties déclarent qu'elles n'entendent rien préjuger sur la question soumise à la décision des arbitres, et que sous cette réserve la compagnie Dijon remettra, dans le jour de l'approbation des présentes, à la trésorerie nationale la somme de quinze cent mille livres, laquelle y sera reçue à-compte de ce qui peut être dû par ladite compagnie en représentation des récépissés de mandats qu'elle a reçu des différens comptables rentrés ou à rentrer, lesquels récépissés seront remis à la compagnie Dijon sur un inventaire sommaire.

IV. A l'instant du versement de ladite somme de quinze cent mille livres ; il sera donné par l'agent du trésor public main-levée de toutes les oppositions qu'il a formées sur la compagnie Dijon, sauf à les réitérer, s'il y a lieu, d'après la décision définitive des arbitres.

V. Les parties nomment pour arbitres, à l'effet de prononcer sur la question en litige ;

SAVOIR :

Les commissaires de la trésorerie nationale.

Les citoyens Fercy, Demantort, notaire, et Schuchard.

Les citoyens Dijon et compagnie.

Les citoyens Bailleux, Gaillard de la Ferrière et St. Aubin, lesquels arbitres, en cas de division, en prendront un septième à leur choix ; et avant de prononcer, ils entendront les parties contradictoirement dans leurs demandes et défenses.

Fait double à Paris, le 18 germinal, an 5 de la république française.

Signé J. B. Dijon et compag. ; Gombault ; Declerck ; Lemonnier ; Deré.

Nota. La Compagnie apprend à l'instant qu'on l'accuse d'avoir reçu des receveurs, au cours de 3 liv., le remplacement des mandats ; elle donne à cet égard le démenti le plus formel ; on aura probablement confondu un ordre du ministre, qui n'avait aucun rapport avec la compagnie, ou peut-être les opérations d'autres compagnies. Elle fera imprimer les détails relatifs à ses bénéfices, et prouvera, non par des assertions, mais par des *preuves matérielles*, qu'on en a imposé au conseil et au public.

De l'imprimerie d'Ant. Bailleul, rue neuve Augustin, n°. 742.